COUP D'OEIL

SUR LES PROGRÈS

DE LA CIVILISATION

EN 1827.

IMPRIMERIE D'HIPPOLYTE TILLIARD,

RUE DE LA HARPE, N° 78.

COUP D'OEIL

SUR LES PROGRÈS

DE LA CIVILISATION

EN 1827;

PAR M. ADOLPHE GONDINET,

ANCIEN ÉLÈVE DE L'ÉCOLE POLYTECHNIQUE, ET L'UN DES RÉDACTEURS
DE LA REVUE ENCYCLOPÉDIQUE.

Paris,

CHEZ
DELAUNAY, Libraire au Palais-Royal ;
VERDIÈRE , Libraire, quai des Augustins, n° 25 ;
COMPÈRE, Libraire , rue de l'École de Médecine, n° 8.

JANVIER 1828.

PRÉFACE.

J'avais destiné à la *Revue encyclopédique*, pour son cahier de janvier, cette esquisse bien incomplète des principaux faits qui me semblent indiquer un progrès dans notre société actuelle. Probablement elle n'aurait pas été jugée digne d'y être insérée. Ne l'ayant pas terminé à temps pour l'offrir à son comité de rédaction, j'ai pris le parti de livrer à l'impression ce petit tableau, sans y attacher plus d'importance que n'en mérite un article de journal.

COUP D'ŒIL

SUR LES PROGRÈS

DE LA CIVILISATION

EN 1827.

L'ANNÉE qui vient de s'écouler n'a pas été moins féconde que les précédentes en progrès intellectuels, en améliorations utiles.

Nous n'essaierons pas de marquer ici tous les pas qu'ont fait, dans cet intervalle, les diverses sciences dont le faisceau compose une image encore trop imparfaite de la nature.

Dans l'étude de ce grand phénomène, sujet éternel de notre admiration et de notre curiosité, on peut distinguer deux ordres de travaux, non moins utiles l'un que l'autre, et qui se prêtent des secours mutuels. Les premiers ont pour but la connaissance des faits ; ils constituent les différentes sciences physiques et naturelles. L'étude des grandeurs ou des rapports mesurables, objet de cette branche de nos connaissances, connue sous le nom général de mathématiques, forme le sujet des seconds. Il faut le reconnaître, les premiers occupent la plus grande partie des savans de nos jours, entraînés dans un essor général vers l'observation plus exacte des êtres qui nous environnent. Par l'effet naturel de cette activité universelle, les faits, dans les sciences physiques, en s'accumulant, se réduisent sans cesse, car la méthode vraiment philosophique consiste à ramener ceux du même ordre à un fait commun qui, pouvant en être regardé comme le principe, facilite et simplifie l'étude de la nature et de ses innombrables détails. Lorsque leur observation arrive à ce degré de précision qui permet de les envisager sous un même point de vue, de rattacher ceux que l'on considère comme effets à ceux qui sont regardés comme causes, les théories mathématiques les lient, les enchaînent, en établissant définitivement leur ordre de succession. C'est le dernier terme des observations physiques, que de pouvoir appliquer à l'étude des phénomènes les lois de l'analyse qui, embrassant tout l'univers matériel dans leur empire, véritables instruments créateurs, d'un fait bien saisi font naître tous les faits de même nature, des résultats inattendus que nos faibles organes, joints aux moyens imparfaits de la simple induction, n'auraient jamais pu découvrir. Telles sont les belles et récentes applications de l'analyse à l'électricité, et une foule d'autres applications partielles à l'astronomie, à la mécanique, à la physique générale et même à la statistique.

Soit que l'instinct des découvertes que promettent des applications semblables dirige en secret les savans de nos jours, soit plutôt que la loi du développement de l'intelligence humaine exige ce retour général vers l'étude de la nature, les progrès des mathématiques pures semblent momentanément ralentis. Quelques savans, tant français qu'étrangers, dirigent encore de ce côté leur attention, quelques-uns même ont peut-être le tort

d'employer de précieuses facultés d'invention à re-
faire, sans les simplifier, certaines de leurs théories ;
mais c'est un fait, bien que les connaissances mathématiques soient aujourd'hui très répandues en
France, grâce à l'institution de l'École polytechnique, que cette science n'avance pas sensiblement,
et semble même négligée. Ce qui vient d'arriver à
l'Académie pour l'héritage de l'illustre Laplace en
offre une preuve irrécusable.

Cependant la méthode scientifique, en étendant
de jour en jour son empire, exerce sur l'amélioration de l'espèce humaine une haute et puissante influence. Qui oserait aujourd'hui envisager les sciences sous le rapport seul des avantages matériels
qu'elles procurent, avantages immenses du reste,
car elles servent de bases à la plupart des inven-
tions des arts, avantages inappréciables, surtout depuis que, par le perfectionnement des machines,
elles réduisent en esclaves les agens de la nature,
et donnent, pour ainsi dire, une intelligence à la
matière qu'elles exploitent pour le soulagement et
le bien-être de l'humanité? Les sciences, il faut surtout le faire sentir, ont un but plus noble encore :
elles se proposent de classer les vérités, de guider
notre intelligence naturellement incertaine dans sa
marche timide, de satisfaire à ce besoin profond de
connaître, inhérent à l'homme sans qu'il puisse
l'expliquer, qui lui a été donné comme un élément
suffisant de perfectibilité, qui, le transportant sans
cesse hors de sa nature finie, l'élève aux plus hautes
contemplations.

Les sciences ont donc pour objet la recherche de

la vérité, et leur effet naturel est de *civiliser* l'espèce
humaine; mais pour civiliser il faut agir sur les mas-
ses, et c'est un soin que le savant abandonnné à lui-
même, que les académies mêmes, dans leur étroite
enceinte, ne sauraient remplir; car chacun à sa tâche,
quoique les efforts se combinent dans une société
progressive et bien ordonnée. Il est donc nécessaire
qu'il existe une voie de communication, destinée à
transporter incessamment la vie aux diverses parties du corps social. Après l'invention de l'écriture,
de l'imprimerie, des routes, des postes et des autres
moyens de transmettre la pensée, il a dû s'établir
des journaux scientifiques chargés de cette fonc-
tion spéciale. Nous regarderons leur extention
comme un signe manifeste des progrès de la société
actuelle; c'est là un de ces faits qui prouvent les
avantages féconds et les résultats précieux de l'esprit d'association.

Parmi les autres effets de cet esprit d'association,
oublierons-nous l'essor commun de l'industrie, de
la navigation, des sociétés de commerce et des com-
pagnies d'assurance, toutes causes qui, multipliant
les capitaux, fournissent des fonds au travail, des
produits à la consommation, des alimens à la cir-
culation intérieure, cette vie matérielle de la société, et, par la fusion des intérêts, assurent de
nouvelles garanties à l'ordre public? Oublierons-
nous cet immense développement de canaux en
construction, destinés à lier entre elles toutes les
parties du territoire de la France, et s'exécutant en
quelques années sur six cents lieues de voies navi-
gables, tandis qu'avant 1814, l'ouvrage de tous les

siècles antérieurs n'avaient donné que deux cents quatre-vingts lieues à la navigation intérieure (1).

Ces facilités de transport, si importantes même dans les rapports moraux de la civilisation, ne se borneront pas aux moyens actuels : l'étude approfondie des agens de la nature que nous sommes parvenus à conquérir, fournira bientôt des procédés moins dispendieux et plus expéditifs. On s'occupe en ce moment à appliquer l'admirable machine de Watt aux voitures publiques : de nombreux essais, plus ou moins ingénieux, ont été tentés en Angleterre et semblent promettre de prochains et brillants résultats. On cherche en même temps à utiliser pour la haute navigation, la force élastique des différentes vapeurs. « De telles découvertes, a dit M. Fourrier à l'Académie dés sciences, pourraient changer presque subitement les relations politiques, militaires et commerciales des principaux états, et cette époque ne serait pas moins mémorable que celle qu'ont illustrée les entreprises immortelles de Gama, de Colomb, de Magellan. »

Qui pourrait énumérer les nombreuses applications des sciences aux grands objets d'utilité publique ! Elles nous frapperaient d'admiration, si tant de merveilles accumulées sous nos regards ne finissaient par nous rendre insensibles à ce spectacle. Cependant elles prennent de jour en jour un caractère de grandeur qui promet pour l'avenir des résultats plus étonnans encore. Le pont sous la Tamise, dirigé par un Français ; les ponts en fil de fer

(1) Voy. le rapport présenté au roi par le directeur général des ponts chaussées.

qui se multiplient partout en Europe, et réunissent à peu de frais les rives opposées des fleuves les plus rapides ; les magnifiques constructions hydrauliques qui s'exécutent à la fois dans toutes les contrées du monde civilisé, ou, tels que le canal qui doit joindre Paris à la mer, sont soumises aux méditations des ingénieurs ; les projets bien plus gigantesques de couper l'isthme de Panama, pour joindre l'Océan atlantique à la mer Pacifique, de réunir la mer Rouge à la Méditerranée par un passage à travers l'isthme de Suez, et de rendre ainsi leur antique voie aux trésors de l'Inde et de l'Orient; tous ces grands travaux resteront aux siècles à venir comme des monumens du savoir et de l'industrie des hommes de nos jours.

Dans ce rapide aperçu, n'oublions pas une des sciences physiques qui attirent le plus l'attention publique, la géographie, dont les investigations ne se bornent plus à décrire les lieux et à mesurer les distances ; mais qui, évoquant les siècles, interprète tous les vestiges, toutes les traces, toutes les ruines de la civilisation des temps passés. Après les merveilleuses découvertes dont s'est agrandi son domaine depuis le XVIe siècle, elle a reçu un nouvel éclat des voyages mémorables qui viennent de se terminer ou s'effectuent en ce moment. La quatrième expédition du capitaine Parry a rendu sensible l'impossibilité de résoudre le problème, depuis long-temps agité par les géographes, de l'existence d'une mer polaire navigable. Après les plus grands efforts et malgré son active persévérance, ce célèbre marin n'a pu parvenir qu'au

82° 45' 15" de latitude nord. Dans son précédent voyage, sans ouvrir un nouveau passage entre les deux océans, comme on l'avait espéré, il avait déterminé à l'île Melville, qu'il a le premier aperçue, la position du pôle magnétique, point important pour la physique, et plus utile à fixer que le pôle terrestre, qui nous restera probablement toujours inconnu.

Un autre grand problème de géographie vient d'être résolu. L'infatigable capitaine Francklin a parcouru, dans toute sa latitude boréale, le continent américain, auquel on ne pourra plus rattacher le Groënland. Bravant les rigueurs d'un climat barbare et toutes les fatigues d'une telle entreprise au sein de régions désertes, il a suivi la côte de l'Amérique depuis la baie d'Hudson jusqu'au détroit de Behring. Ainsi ce Nouveau-Monde, découvert par Colomb en 1492, n'a été définitivement limité qu'en 1827, et plus de trois siècles ont été nécessaires à l'homme, avec tous les progrès des sciences et de la navigation, pour tracer sa circonférence.

Pendant que des navigateurs hardis et des voyageurs intrépides reconnaissaient ainsi les bornes septentrionales de ce continent, d'autres missionnaires des sciences parcouraient ses côtes méridionales, en déterminaient rigoureusement les contours, et ce sont encore des Anglais. Honneur à ces braves et savans explorateurs ! Qu'un ridicule préjugé ne nous empêche pas de rendre hommage à ce grand peuple, qui s'est toujours occupé avec tant d'ardeur et de succès des progrès des connaissances géographiques. Des officiers de la marine russe relevaient en même temps les côtes septentrionales qui touchent au détroit de Behring, tandis qu'un navire de la même nation achevait de faire le tour du monde.

Mais l'Amérique, quoique circonscrite, est bien loin encore de nous être connue. De grandes régions n'ont jamais été foulées par les Européens et seront explorées par les Américains eux-mêmes: la Patagonie tout entière, les déserts voisins du Nouveau-Mexique, les bords sauvages de l'Orénoque, les forêts de la Louisiane, les provinces centrales du Brésil, les environs des montagnes Rocheuses, et tant d'autres lieux où des peuplades errantes végètent, sans savoir même que la race blanche marche à grands pas vers la conquête définitive du sol américain.

Si nous reportons nos regards sur une terre plus ancienne et moins connue, sur l'Afrique, nous y apercevrons des traces de l'esprit de recherche, l'un des caractères de notre temps. Le major Laing, le capitaine Clapperton, le lieutenant-colonel Denham, illustres voyageurs qui ont intéressé toute l'Europe éclairée à leur existence aventureuse, cherchent à établir le cours et l'embouchure du Niger, ce grand fleuve problématique de l'Afrique centrale, et la position géographique de la mystérieuse ville de Tumbouctou (1).

Les Français ne sont pas restés en arrière dans

(1) D'après les dernières nouvelles de Tunis, on doit craindre que MM. Laing et Clapperton n'aient éprouvé le sort funeste de la plupart de leurs prédécesseurs.

cette émulation louable pour reconnaître la surface du globe. Sans rappeler les courses de plusieurs de nos compatriotes sur les deux continens, quatre voyages de circumnavigation ont été commandés par le roi depuis la paix, dans le but de déterminer la configuration de la terre, d'apprécier l'intensité des forces magnétiques, d'enrichir nos collections d'histoire naturelle et d'ajouter de nouveaux documens hydrographiques à ceux que possède déjà le Dépôt des cartes et plans de la marine, au profit de toutes les nations : le premier, exécuté par le capitaine Freycinet, sur les corvettes *l'Uranie* et *la Physicienne*, commencé en 1816 et terminé en 1820; le second, par le capitaine Duperrey sur la corvette *la Coquille*, de 1822 à 1825 (1); le troisième, par M. de Bougainville, qui visita plusieurs grandes îles inconnues dans les mers de la Chine, de 1824 à 1826; enfin celui qu'effectue, sur la corvette *l'Astrolabe*, le capitaine Dumont-Durville, envoyé à la recherche des compagnons de La Pérouse, dont les traces ne paraissent pas entièrement perdues.

La géographie ne se borne pas à ces hautes questions : elle veut connaître dans ses plus petits détails la demeure que l'homme est destiné à occuper dans sa courte existence. Tandis que ces régions lointaines étaient soumises aux investigations de nos marins, des mers plus rapprochées

---

(1) Cette expédition, d'ailleurs si remarquable par ses résultats, eut cela de particulier, qu'après avoir fait 25,000 lieues dans des parages inconnus, dans des climats meurtriers, la Coquille rentra dans nos ports sans avarie, sans avoir perdu un seul homme de son équipage : et ce fait prouve bien sensiblement les progrès de l'hygiène navale.

étaient explorées avec un soin minutieux par des navires français. En 1826 se terminait, après dix années de travaux consécutifs, par le corps des hydrographes de la marine, une grande et belle opération, la reconnaissance exacte des côtes de France, depuis l'entrée de la Manche jusqu'au fond du golfe de Gascogne. M. Gautier, capitaine de vaisseau, avait déjà fait le relèvement des côtes de la Méditerranée, de l'Adriatique, de la mer de Marmara et de la mer Noire. Le capitaine de Hell vient d'achever celui des côtes de la Corse. Le contre-amiral Roussin a, tout récemment, publié la description des côtes de l'Amérique méridionale, qu'il a parcourues depuis l'île de Sainte-Catherine jusqu'à celle de Maranhoé. Il avait déjà décrit, il y a quelques années, les côtes occidentales d'Afrique, depuis le cap Bojodar jusqu'au mont Souzos.

Enfin, le corps des ingénieurs géographes, qui se recrute à l'École polytechnique, est occupé chaque année à lever la nouvelle carte de France, avec une précision jusqu'à présent inconnue, et sur des dimensions plus grandes que celles des cartes antérieures. Menant de front la grande et la petite triangulation, il aura bientôt terminé son travail pour une zône entière formant l'enceinte de notre patrie. Regrettons que le défaut de fonds, joint à l'insuffisance du nombre des officiers employés, auxquels on pourrait adjoindre si utilement ceux de l'état-major et du génie militaire, ralentissent l'exécution de cette utile opération, le plus beau monument dont la géographie puisse se glorifier.

Si nous quittons les sciences naturelles, pour

passer aux théories philosophiques et morales, le
lien qui sert de transition se trouve dans la métaphysique proprement dite, ou plutôt dans la psychologie, science trop souvent mensongère, où
les systèmes s'entassent sur les systèmes , sans
avancer sensiblement l'étude des phénomènes
de la conscience , qui en forme l'objet. Une
école nouvelle , émanée des écoles allemande et
écossaise , si l'on peut donner le nom d'école à
la réunion de quelques hommes distingués ,
qui ne sont pas même toujours d'accord entre
eux, en détruisant certains préjugés érigés en
vérités par les partisans de Locke et surtout de Con-
dillac, cherche peut-être à les remplacer par des
préjugés nouveaux, ou du moins par des aperçus
vagues et fugitifs, plus ingénieux que solides , et
peu susceptibles d'être ramenés à une théorie vraiment rationelle. Si les véritables savans, si attentifs
aux progrès de nos connaissances positives, restent
indifférens au mouvement qui se développe dans
le monde philosophique, il faut s'en prendre aux
métaphysiciens eux-mêmes. Quelle confiance peut
inspirer une science où les meilleurs esprits , même
contemporains, n'ont jamais pu s'accorder, où chacun suit sa bannière et regarde avec dédain les
opinions de ses adversaires, où des phénomènes
découverts par les maîtres ne sont pas même admis
par tous les disciples, où les uns et les autres,
n'ayant pas été élevés sous l'empire sévère des méthodes scientifiques, exercent trop souvent leur imagination, toute pleine de souvenirs littéraires, dans
de brillantes et vaines spéculations? Excepté dans

les rapports aujourd'hui bien déterminés qui lient les perceptions ou idées simples aux idées générales ou composées, on est quelquefois tenté de dire, avec un illustre secrétaire, de l'Académie des sciences, à qui nulle branche de nos connaissances n'est étrangère, que cette philosophie nouvelle « prend des métaphores pour des raisonnemens. » Le phénomène de la sensation et celui de la perception, qu'ils soient ou ne soient pas dépendans l'un de l'autre, n'en sont pas moins placés en-deçà des limites qui séparent les causes des effets. Qu'on appelle le principe de l'entendement, *l'attention*, dans le sens de M. Laromiguière, *le moi*, comme les Allemands, *activité libre*, *principe intelligent*, *force*, le mot ne fait rien à la chose, et sa nature, qu'on veut nous faire connaître, puisqu'on prétend *saisir* la cause en elle-même (comme s'il était donné à l'homme de limiter le champ des phénomènes ou effets), n'en restera pas moins toujours au-delà des bornes prescrites à nos observations. On a beau emprunter aux sciences exactes l'extérieur de leurs méthodes rigoureuses, et transporter péniblement ces vaines apparences sur le terrain mouvant de la psychologie, on ne raisonne en définitive que sur des mots anciens ou nouveaux. Nous ne releverons pas l'importance que cette école, soutenue dans l'opinion par un journal justement estimé (*le Globe*), donne à son *éclectisme*, qui consiste à prendre des divers systèmes ce qu'ils contiennent de vrai, en rejetant leur côté faux. Cet éclectisme n'est autre chose que l'esprit philosophique que nos pères, moins doctes, appelaient *le bon sens* perfectionné par l'étude. Que de gens font de l'éclectisme sans le savoir! En émettant ces remarques, nous n'en rendons pas moins hommage aux connaissances étendues des principaux organes de ces opinions incertaines, à leurs honorables efforts pour agrandir le domaine de l'esprit humain, et surtout à leurs talens littéraires, au moyen desquels ils sont parvenus à répandre de l'intérêt sur les discussions arides de la métaphysique!

Le premier objet des sciences morales doit être d'éclairer les hommes pour les rendre meilleurs: Nous commencerons donc par jeter un coup d'œil sur la haute instruction publique, qui, bien qu'encore trop restreinte, se répand de jour en jour davantage parmi nous. A mesure que les fortunes médiocres s'élèvent, les goûts s'épurent et les amours-propres se portent vers une plus noble ambition. L'accroissement sensible des classes moyennes favorise donc cette diffusion salutaire des trésors de la pensée. D'un autre côté, les nouvelles institutions politiques, en donnant un libre essor aux talens, tendent sans cesse à développer tous les ressorts de l'intelligence chez les hommes appelés à prendre part au mouvement de leur siècle. Aussi voyons-nous les cours de nos Facultés suivis avec une ardeur toujours croissante, et une jeunesse plus nombreuse se presser dans nos amphithéâtres pour écouter les savans interprètes de la nature, de la législation, de l'histoire et de l'éloquence.

Si l'instruction élémentaire ne se propage pas avec autant de rapidité que le désirent les amis des améliorations humaines, les cours de géométrie et de mécanique, appliquées aux arts et métiers, se multiplient en France comme en Angleterre, et commencent à se fonder en Allemagne. Cet enseignement, encore trop vague et trop théorique pour les ouvriers, en attendant de nombreux perfectionnemens, donne à l'instruction populaire une direction meilleure et lui assure un véritable but d'utilité. Parmi les professeurs qui en sont chargés, on remarque avec intérêt plusieurs anciens élèves de l'École polytechnique, qui y consacrent gratuitement une partie de leur temps. Accoutumés à appliquer les hautes théories mathématiques aux arts de construction, ils sont singulièrement propres à ramener ces établissements à leur véritable destination. Cependant l'industrie, en étendant son empire, en faisant incessamment des emprunts nouveaux à la mécanique rationelle, à la physique, à la chimie, sent le besoin d'instituts analogues plus élevés, pour assurer sa marche progressive. Cette réforme dans l'instruction ne se bornera pas aux classes industrielles. Les connaissances naturelles finiront par servir de base à l'éducation commune; elles seules exercent fortement l'intelligence des jeunes gens.

Sans sortir de la France, nous voyons s'organiser à Paris des institutions particulières pour les jeunes gens envoyés par l'Égypte, la Turquie et les nouveaux états de l'Amérique du sud. Initiés à nos sciences et à nos arts, ils rapporteront dans ces pays lointains tous les principes de notre civilisation. En Allemagne, en Pologne, en Angleterre, le nombre des étudians s'augmente dans des universités célèbres. A Corfou, de nouvelles écoles s'établissent pour servir de noyau à celles qui brilleront sans doute bientôt dans la Grèce régénérée. Dans l'Hindoustan, l'instruction primaire s'étend parmi les naturels ; mais le gouvernement de cette puissante colonie s'oppose à ce que les hautes études répandent, avec leurs bienfaits, de nouvelles idées parmi les populations asservies de ces riches contrées. Dans l'Océanie, tandis que les sociétés savantes de Batavia et de Sydney servent de fanaux aux Européens transplantés chez nos antipodes, l'enseignement mutuel apprend aux habitans d'Otaïti les premiers élémens de nos connaissances, et les missionnaires américains civilisent les îles Sandwich. Ainsi se continue de toutes parts le mouvement imprimé à l'intelligence humaine : des lumières plus abondantes éclairent les nations les plus puissantes du globe, font crouler les préjugés destructeurs et préparent à l'espèce humaine tout entière un avenir de paix, de bienveillance mutuelle et de jouissances intellectuelles.

La morale et les lumières sont sœurs ; aussi l'amélioration des hommes et leur instruction ont-elles toujours marché de concert. En même tems que les idées morales s'épurent, que les esprits s'éclairent, la législation fait des progrès qui en sont la suite nécessaire.

Si nous considérons d'abord le droit des gens, on ne peut s'empêcher de reconnaître qu'il rentre de plus en plus dans son principe philosophique, qui veut que les nations se fassent, dans la paix, le plus de bien, et dans la guerre, le moins de mal qu'il est possible, sans nuire à leurs véritables intérêts. Les vues des gouvernemens de l'Europe sont en général tournées vers des idées pacifiques; mais aux calculs d'hostilités politiques ont été substitués insensiblement des calculs d'hostilités industrielles, funestes aussi à la propérité commune. Le système des douanes et des prohibitions régit aujourd'hui l'Occident. Sans admettre la possibilité d'appliquer, dans toute leur rigueur, à des sociétés organisées comme les nôtres, les principes des économistes sortis de l'école d'Adam Smith, nous croyons que les relations commerciales tendent généralement vers l'application raisonnable de ces théories. Déjà l'Angleterre, en ouvrant à tous les pavillons, il y a quelques années, les ports de ses possessions orientales, avait porté un coup mortel au système de monopole colonial, depuis long-tems proscrit par l'économie politique. Sa législation continue de s'emparer de toutes les circonstances favorables pour introduire plus de libéralité dans ses rapports de trafic avec les autres nations. Partisan déclaré des nouvelles doctrines économiques, le ministre de ce pays qui dirige cette partie importante de la fortune publique (M. W. Huskisson), a su résister, dans certaines circonstances importantes, aux obstacles suscités par l'intérêt privé, aux traditions nationales, aux préjugés des corporations (1). Marchant sur les mêmes traces, la France, dans ses relations de commerce avec les États-Unis et avec les Pays-Bas, semble aussi vouloir entrer dans une meilleure voie.

Il n'en faut pas moins reconnaître que le système

(1) *Voy.* l'ouvrage intitulé : *État de l'Anglet. en 1823, écrit officiel.*

de prohibition a puissamment aidé notre industrie naissante. Favorisée par des droits exclusifs, elle a pu grandir à l'abri de ces sauve gardes tutélaires; mais que de progrès n'a-t-elle pas encore à faire pour lutter dignement avec son éternelle rivale! Combien d'améliorations se présentent en foule, principalement dans notre agriculture, qui s'est cependant enrichie, en 1827, de nouveaux troupeaux d'une race précieuse (les moutons anglais à longue laine)! Dans un discours remarquable, prononcé à la Chambre des députés, le président du Bureau de commerce (M. de Saint-Cricq) a établi que nous recevions encore de l'étranger pour 125 millions de denrées, susceptibles d'être produites par notre sol (1). Il aurait dû ajouter, il est vrai, que ces 125 millions de denrées étrangères s'échangeaient contre des denrées françaises (puisque l'argent est une denrée comme les autres produits manufacturés), d'après ce principe fondamental, maintenant bien démontré, que toutes les transactions se réduisent en définitive à des échanges entre des valeurs égales, et qu'il ne peut par conséquent y avoir de balance commerciale dans l'acception reçue jusqu'à nos jours.

(1)

Animaux vivans.	15,000,000 fr.
Laines.	10,600,000
Chanvres.	5,000,000
Soies.	40,000,000
Fromages.	3,000,000
Beurres.	1,000,000
Peaux brutes.	13,000,000
Huile d'olive.	26,000,000
Fil de lin et de chanvre.	5,000,000
Houille.	6,000,000
Total.	124,600,000

Jeterons-nous un coup d'œil sur l'ordre politique, dans ce monde agité de tant d'intérêts contrai-
res, de tant de sentimens opposés, de tant d'opinions diverses? Entourés de grands spectacles,
placés au centre de ces commotions universelles,
qui tendent, en donnant aux états de l'Europe de
nouveaux fondemens, à régénérer les doctrines,
les mœurs, les formes sociales, la contemplation
d'événemens si mémorables, l'observation d'expé-
riences si variées, nous émeuvent, nous entraînent,
nous captivent et peut-être nous amusent, familiari-
sés que nous sommes avec ces révolutions. Cependant
le droit politique, dans l'établissement des rapports
réguliers entre les peuples et les gouvernemens,
consacre les nouveaux principes sur lesquels il se
fondera désormais en Europe; et ces institutions
vivantes, en agitant puissamment les esprits, jette-
ront dans leur développement naturel de nouvelles
lumières sur ces rapports délicats.

Le besoin de tout expliquer, de tout interpréter,
de tout lier, de tout prévoir dans l'ordre social,
donne à l'étude du présent et du passé un attrait
prodigieux. Aussi jamais les recherches historiques
ne furent aussi vives, aussi variées, aussi universelles : de toutes parts se produisent de nouveaux
systèmes pour établir l'enchaînement des siècles et
des générations; de toutes parts se publient des
histoires, des mémoires, des journaux; et l'esprit,
malgré ses mécomptes, ne peut se lasser d'y fouiller
sans cesse. L'étude des langues et celle de l'archéo-
logie fournissent aussi des matériaux précieux à
ces travaux, et nous devons citer, à cause de leur

importance, l'*Atlas ethnographique du globe*, ou
la classification des peuples anciens et modernes
d'après leurs langues, par M. Balbi, en même
tems que les savantes investigations de MM. Cham-
pollion sur les Antiquités égyptiennes. De cette
exploration universelle, il résulte que l'existence
humaine s'agrandit de toutes les conquêtes de l'intelligence ; l'homme isolé ne vit plus dans la re-
traite ; il ne borne plus ses sentimens à sa famille ;
il ne circonscrit plus ses opinions aux intérêts de
sa patrie et aux idées de son époque ; il se place au
centre de la société humaine, et veut l'envisager
sous tous ses aspects.

Le droit civil se modifie avec le droit politique,
et les relations qui s'établissent entre les citoyens
finissent toujours par entrer dans les lois positives ;
car, comme l'a si bien dit Montesquieu : « Les lois
sont les rapports nécessaires qui dérivent de la nature des choses. » La science de la législation s'enrichit en outre aujourd'hui d'idées spéculatives, favorables à ses progrès. Dans l'application de ses
principes, nous remarquerons la promulgation
du Code civil de Haïti, dont les habitans n'a-
vaient pas joui jusqu'à présent de cet immense
bienfait. En France, une société de jurisconsultes,
réunis en comité, s'occupe d'un travail presque
aussi important, puisqu'il s'agit de mettre en har-
monie avec les principes de la Charte, cet amas in-
cohérent de lois, de décrets, d'ordonnances, qui
ont été promulgués depuis près de quarante ans
avec une si étonnante prodigalité. La Turquie elle-
même participe à cet esprit de perfectionnement :

à la suite de sa révolution intérieure, le sultan vient de supprimer par un firman la confiscation des propriétés et l'inventaire des héritages des sujets, tant mahométans que non mahométans.

Quant à la législation criminelle, qui touche de si près à l'honneur, à la liberté, à la vie même du citoyen, les améliorations sont encore plus sensibles. Nous avons vu, dans l'année qui vient de finir, l'Angleterre, la Louisiane, quelques cantons de la Suisse, quelques états de l'Allemagne, réformer à la fois leurs lois criminelles, qui n'étaient plus en rapport avec des mœurs plus douces, avec les progrès de la civilisation. En France, les conseils-généraux, les orateurs, les écrivains réclament de concert la colonisation des forçats libérés. Une grande question, depuis long-tems agitée par les criminalistes, celle de l'abolition de la peine de mort, a été résolue par quelques législatures, qui ont admis en principe que la société n'avoit pas le droit d'ôter la vie au coupable; et, par la direction des esprits, il est permis de penser que ce principe philanthropique passera bientôt dans les codes.

L'abolition de l'esclavage, l'un de ces féconds principes du christianisme qui ont renouvelé la société dans l'Occident, s'étendra sans doute un jour chez toutes les nations de la terre. Des actes importans sont venus, en 1827, fortifier cette espérance des amis de l'humanité. La France, en réprimant la traite des Nègres par une loi plus sévère, a presque achevé de détruire cet odieux commerce dans ses ports. L'Angleterre, toujours animée des mêmes sentimens , vient d'obtenir, de l'empereur don Pedro, que ce trafic anti-chrétien cesserait entièrement au Brésil dans trois années. D'autre part , les nouveaux états de l'Amérique avaient déjà généralement établi des lois consacrées à l'extinction graduelle de l'esclavage ; et sans doute, les mœurs et les idées européennes, en prenant de jour en jour plus d'empire dans ce nouveau monde , achèveront bientôt cette œuvre salutaire de la religion et de la philanthropie.

En même tems que l'esprit analytique de notre temps perfectionne les diverses législations, il se dirige sur l'existence, pour ainsi dire matérielle, des sociétés , afin d'établir, par une observation exacte des faits, une succession d'états qui per= mette aux lois de l'économie politique de s'enchaî= ner sous des théories rationelles. La statistique, dont l'objet est le dépouillement des faits qui inté - ressent l'économie matérielle des états, se cultive par plus de mains , et s'enrichit chaque jour de nouveaux documens. Les travaux de M. Charles Dupin sur les forces progressives de la France, de M. Daru sur la librairie, du préfet de la Seine sur la ville de Paris, du Conseil de salubrité pour ce qui intéresse l'hygiène publique, et les tableaux si curieux, présentés au roi par le garde-des-sceaux, touchant la statistique criminelle, répandent un grand jour sur toutes ces matières, et, par un grand ensemble de données positives, empêchent l'ima= gination de s'égarer dans des calculs hasardés ou des hypothèses mal fondées.

La littérature ne reste pas improductive au milieu de cette activité générale. Chaque année voit éclore des productions remarquables, qui ne sont pas des chefs-d'œuvre sans doute, mais qui offrent, en général, de la correction et de la facilité dans le style, de la force et de la hardiesse dans la pensée. Nous sommes loin de l'époque où les séductions enivrantes des lettres s'emparaient presque exclusivement de l'attention publique. A ces temps où régnaient les loisirs, l'insouciance et la légéreté ont succédé les jours plus remplis des agitations sociales. De là une nouvelle carrière littéraire ; et l'éloquence politique, cette éloquence avide d'émotions populaires et qui se plaît au sein des grands événemens , cette éloquence nourrie de la connaissance des hommes et des sociétés, des affaires et de l'histoire, en trouvant dans la Charte un libre essor à ses sévères inspirations, enrichit notre littérature des trésors d'un genre jusqu'à présent interdit au génie français.

La lutte animée des classiques et des romantiques poursuit ses pacifiques combats , sans que le grand jour de la décision approche ; c'est que l'objet en est si vague, que les combattans eux-mêmes ne savent pas s'en rendre compte. Au fond, la grande question en littérature , comme dans les arts, comme dans la politique , comme dans la morale et même dans la religion , est celle qui s'agite entre les partisans de l'autorité absolue et ceux de l'indépendance individuelle également absolue , ou du moins elle peut être ramenée à ces termes extrêmes. Or, comme ni l'un ni l'autre de ces principes ne peut être mis en pratique, et que

des concessions mutuelles seront toujours récla-
mées par la nature des choses , il en résulte que
les classiques et les romantiques, dont les discussions s'alimentent de tous les échanges que se font
aujourd'hui les diverses littératures nationales , ne
raisonnent bien souvent que sur de vaines abstrac-
tions. Il est permis de penser que, dans les arts de
l'esprit, on ne peut guère établir de lois générales.
Là, comme ailleurs , on ne doit pas pousser la
manie de réglementer jusque dans les détails.
L'étude approfondie du sujet et du but qu'on se
propose d'atteindre , la liaison des idées et l'enchaînement des parties, seront toujours les pre-
mières règles à suivre.

Dans toute composition littéraire , comme dans
tout phénomène historique, il faut faire la part du
tems , des influences locales , des idées domi-
nantes , des croyances religieuses. Le beau n'est
pas absolu, quoiqu'en disent quelques philosophes:
l'Apollon du Belvédère ne serait pas le type idéal
parmi les Nègres ou les Malais. Ces réflexions nous
conduisent à remarquer que la haute critique littéraire qui étudie sans préventions et sans préjugés
les chefs-d'œuvre de tous les siècles et de tous les
pays , qui les compare , les analyse , les commente
et les justifie , fait de grands progrès parmi nous ;
et ce fait remarquable tient à une plus intime communication des peuples. qui forment la grande
famille européenne. Observons à ce sujet l'heu-
reuse influence que doit avoir dans le monde littéraire l'établissement tout récent d'un théâtre anglais
à Paris , d'un théâtre français à Berlin, et l'établis-

sement projeté d'un théâtre français public à Londres. Ces innovations n'indiquent pas seulement les conquêtes réciproques de littératures rivales ; elles annoncent la chute des préjugés hostiles qui séparaient les peuples les plus éclairés du globe, ceux qui, par la supériorité de leurs lumières, exercent une sorte de magistrature morale sur le monde chrétien.

Enfin les beaux-arts , cette brillante auréole des nations civilisées, se cultivent avec une prédilection toujours croissante dans toute l'Europe et particulièrement dans la France , devenue leur terre classique. L'architecture, revenue aux formes élégantes et pures des types grecs , donne à ses productions un caractère de grandeur et de simplicité qu'elle a puisé dans l'étude des modèles antiques. Au sein de Paris , nous voyons s'achever l'église de la Magdeleine , monument qui rappelle à nos souvenirs le Parthénon d'Athènes. Rivalisant de grâce et de magnificence , l'architecture , la peinture , la sculpture , ont encore embelli de leurs prestiges ce Louvre , jadis le palais des rois, et témoin de tant d'événemens historiques , aujourd'hui le temple des arts, qui se plaisent à y étaler toutes leurs splendeurs. Nos peintres et nos sculpteurs , dans une exposition nombreuse des richesses de leurs ateliers, à défaut de ces chefs-d'œuvre qui apparaissent à de longs intervalles, nous offrent plus de compositions estimables que n'en avaient encore montré ces concours périodiques. C'est que la culture des arts , ainsi que celle des sciences et des lettres , se répand davantage parmi les classes aisées. Sans compter les artistes de profession, ne citerions-nous pas une foule de jeunes femmes et de jeunes personnes, à la fois l'ornement de leur sexe et de leur famille, qui s'adonnent avec succès à ces arts enchanteurs. Nos petites villes comptent des peintres comme les moindres cités de l'ancienne Grèce ; et les accens de la harpe et du piano répètent les airs mélodieux de nos compositeurs jusqu'au fond de nos provinces les plus reculées.

Peut-on parler des beaux-arts sans faire un retour sur la Grèce, cette patrie des Muses, dont le sol poétique, couvert des fragmens de tant de chefs-d'œuvre, nous fournira toujours des modèles et des inspirations ! Cette terre mythologique, où tout parle à l'imagination, restera-t-elle sous le joug sanglant des barbares ? Notre civilisation, qui honore ses souvenirs d'un culte religieux, ne rapportera-t-elle pas ses bienfaits dans ces champs héroïques ? A cette question, les vainqueurs de Navarin ont fait une digne réponse. Que le sang glorieux des braves enfans de la France, de l'Angleterre et de la Russie n'ait pas stérilement coulé sur le seuil du palais de Nestor ! Que les trois cours signataires du traité de Londres suivent hardiment la carrière qu'elles ont si noblement ouverte ! Que la riche et puissante Europe continue de tendre une main secourable au courage malheureux ! Dans ce triomphe militaire, il ne faut pas voir seulement une page honorable pour nos armes; nos annales sont assez riches en victoires, pour que la vaillance de nos soldats n'ait pas besoin d'être mise à de nouvelles épreuves. Il faut y voir l'aurore d'une civilisation plus avancée, où les peuples chrétiens , animés des mêmes sentimens philantrophiques, et renonçant à toute idée d'agrandissement, n'emploieront leurs forces publiques que dans l'intérêt général de l'humanité.

Ainsi , dans l'observation de la marche de notre intelligence et des modifications sociales qui en sont la suite , on éprouve ce sentiment intime et consolant que l'espèce humaine , considérée dans son ensemble, en s'améliorant sans cesse , se prépare de meilleures destinées. Ce n'est pas à dire que l'on ne verra plus à une certaine époque les passions malfaisantes et les calamités naturelles qui sont dans la nature des choses ; mais les bonnes influences s'augmenteront, tandis que les influences funestes perdront de leur empire ; et l'homme, vu en général , au lieu de diriger son activité naturelle contre ses semblables , la portera tout entière vers l'étude de la nature et vers son perfectionnement moral.

FIN.